Impressum
Verlag: BABADADA GmbH, Nedderfeld 112 , 22529 Hamburg
Geschäftsführer / Verlagsleitung: Harald Hof
Druck: Books on Demand GmbH, In de Tarpen 42, 22848 Norderstedt

Imprint
Publisher: BABADADA GmbH, Nedderfeld 112 , 22529 Hamburg, Germany
Managing Director / Publishing direction: Harald Hof
Print: Books on Demand GmbH, In de Tarpen 42, 22848 Norderstedt, Germany

skola
اسکول

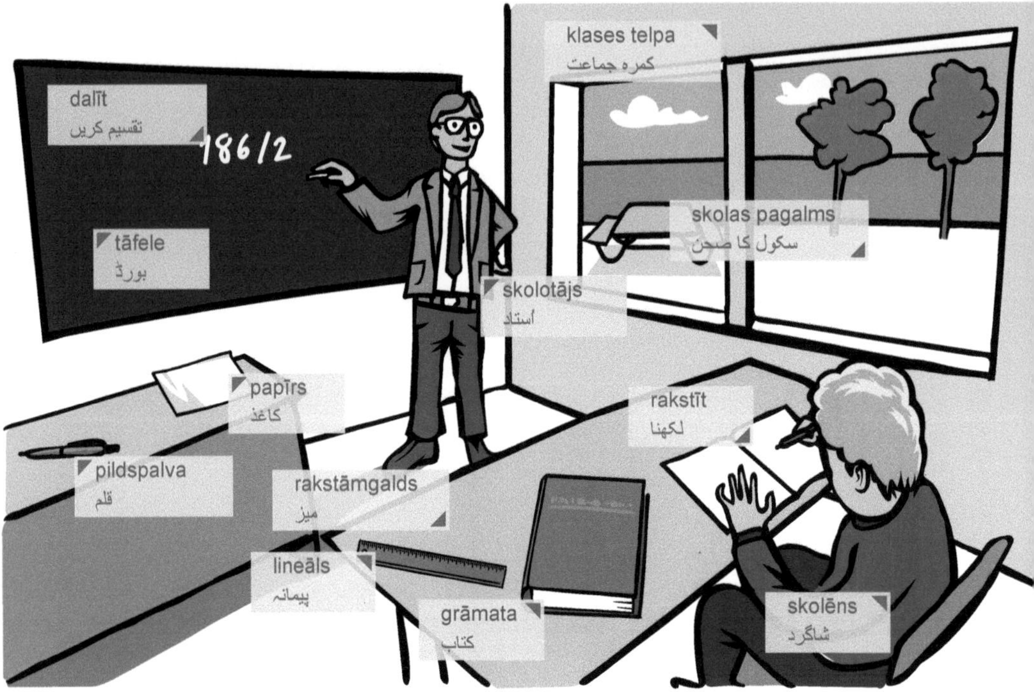

klases telpa
کمره جماعت
dalīt
تقسیم کریں
186/2
tāfele
بورڈ
skolas pagalms
سکول کا صحن
skolotājs
اُستاد
papīrs
کاغذ
rakstīt
لکھنا
pildspalva
قلم
rakstāmgalds
میز
lineāls
پیمانہ
grāmata
کتاب
skolēns
شاگرد

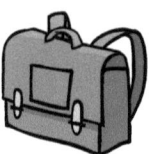

skolas soma
بستہ

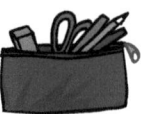

penālis
پینسل کیس

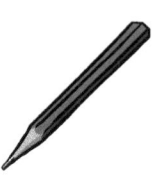

zīmulis
پینسل

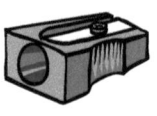

zīmuļu asināmais
پینسل شارپنر

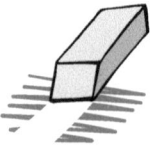

dzēšgumija
ربڑ

zīmēšanas bloks
ڈرائنگ پیڈ

zīmējums

ڈرائنگ

ota

پینٹ برش

krāsas

پینٹ باکس

šķēres

قینچی

līme

گوند

darba burtnīca

مشق کی کاپی

mājas darbs

ہوم ورک

skaitlis

ہندسہ

saskaitīt

جمع کریں

atņemt

منفی کریں

reizināt

ضرب دیں

rēķināt

شمار کریں

burts

خط

alfabēts

حروف تہجی

vārds

لفظ

teksts

متن

lasīt

پڑھنا

krīts

چاک

mācību stunda

سبق

žurnāls

اندراج

eksāmens

امتحان

liecība

سند

skolas forma

سکول یونیفارم

izglītība

تعلیم

enciklopēdija

انسائیکلوپیڈیا

universitāte

یونیورسٹی

mikroskops

خورد بین

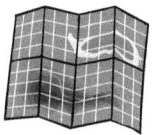

karte

نقشہ

papīrgrozs

ویسٹ پیپر باسکٹ

ceļojums
سفر

Grand
viesnīca
ہوٹل
hostelis
ہاسٹل
ROOMS
valūtas maiņas punkts
رقم تبدیل کرانے کیلئے دفتر
čemodāns
سوٹ کیس
automašīna
کار

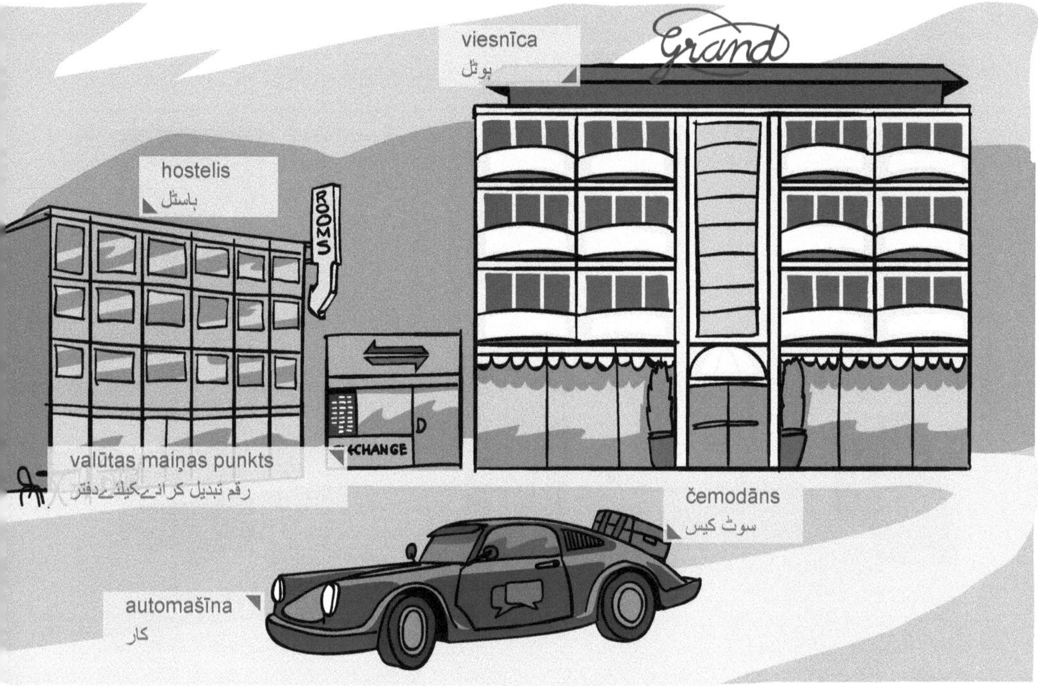

Valoda

زبان

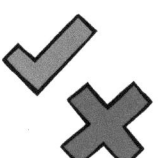

jā / nē

ہاں / نہیں

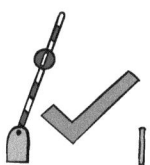

Okay

ٹھیک ہے

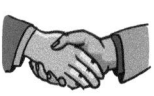

Sveiki!

ہیلو

tulks

مُترجم

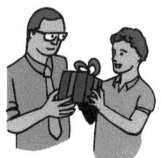

paldies

شُکریہ

Cik maksā...?

؟ کی کیا قیمت ہے ---

Es nesaprotu

میں نہیں سمجھتا

problēma

مشکل

Labvakar!

شام بخیر!

Labrīt!

صبح بخیر!

Ar labu nakti!

شب بخیر!

Uz redzēšanos

الوداع

virziens

سمت

bagāža

سفری سامان

soma

بیگ

mugursoma

بیگ پیک

viesis

مہمان

istaba

کمرہ

guļammaiss

سلیپنگ بیگ

telts

ٹینٹ

tūrisma informācija

سیاحوں کے لئے معلومات

pludmale

ساحل

kredītkarte

کریڈٹ کارڈ

brokastis

ناشتہ

pusdienas

لنچ

vakariņas

ڈنر

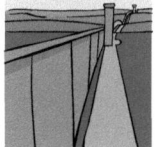

biļete

ٹکٹ

lifts

لفٹ

pastmarka

مُہر

robeža

سرحد

muita

کسٹمز

vēstniecība

سفارت خانہ

vīza

ویزا

pase

پاسپورٹ

transports

نقل وحمل

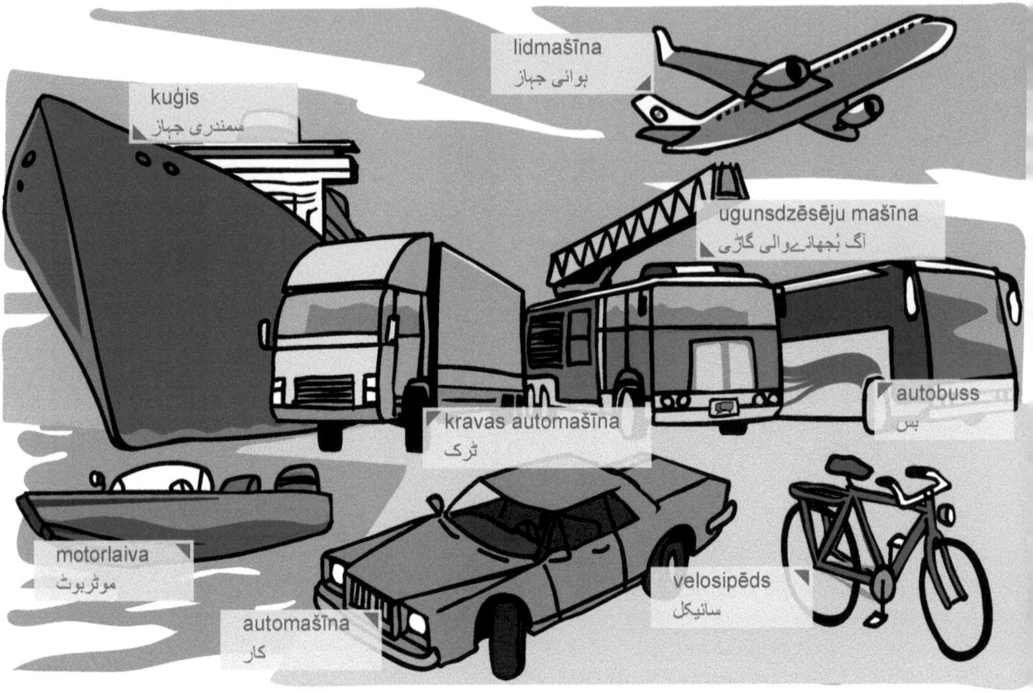
lidmašīna
ہوائی جہاز
kuģis
سمندری جہاز
ugunsdzēsēju mašīna
آگ بُجھانےوالی گاڑی
autobuss
بس
kravas automašīna
ٹرک
motorlaiva
موٹربوٹ
velosipēds
سائیکل
automašīna
کار

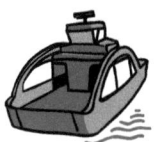

prāmis

فیری

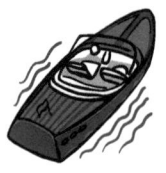

laiva

کشتی

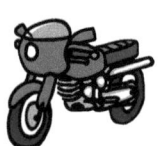

motocikls

موٹرسائیکل

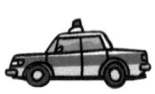

policijas automašīna

پولیس کار

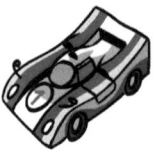

sacīkšu automobilis

ریسنگ کار

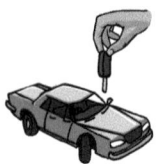

nomas auto

کرایہ پرکار

auto koplietošana

کار کا اشتراک کرنا

evakuators

کھینچنے والا ٹرک

atkritumu mašīna

کوڑے والا ٹرک

dzinējs

کار

benzīns

ایندھن

degvielas uzpildes stacija

پٹرول اسٹیشن

ceļa zīme

ٹریفک کے نشانات

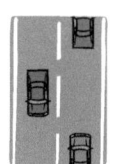

satiksme

ٹریفک

sastrēgums

ٹریفک جام

stāvvieta

کارپارک

dzelzceļa stacija

ٹرین اسٹیشن

sliedes

پٹڑیاں

vilciens

ٹرین

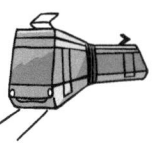

tramvajs

ٹرام

vagons

ویگن

helikopters

بیلی کاپٹر

lidosta

انرپورٹ

tornis

ٹاور

pasažieris

مسافر

konteiners

کنٹینر

kaste

ڈبہ

ratiņi

ریڑھا

grozs

ٹوکری

pacelties / nosēsties

اڑان بھرنا / زمین پر اترنا

pilsēta

شہر

ciems

گاؤں

pilsētas centrs

سٹی سنٹر

māja

مکان

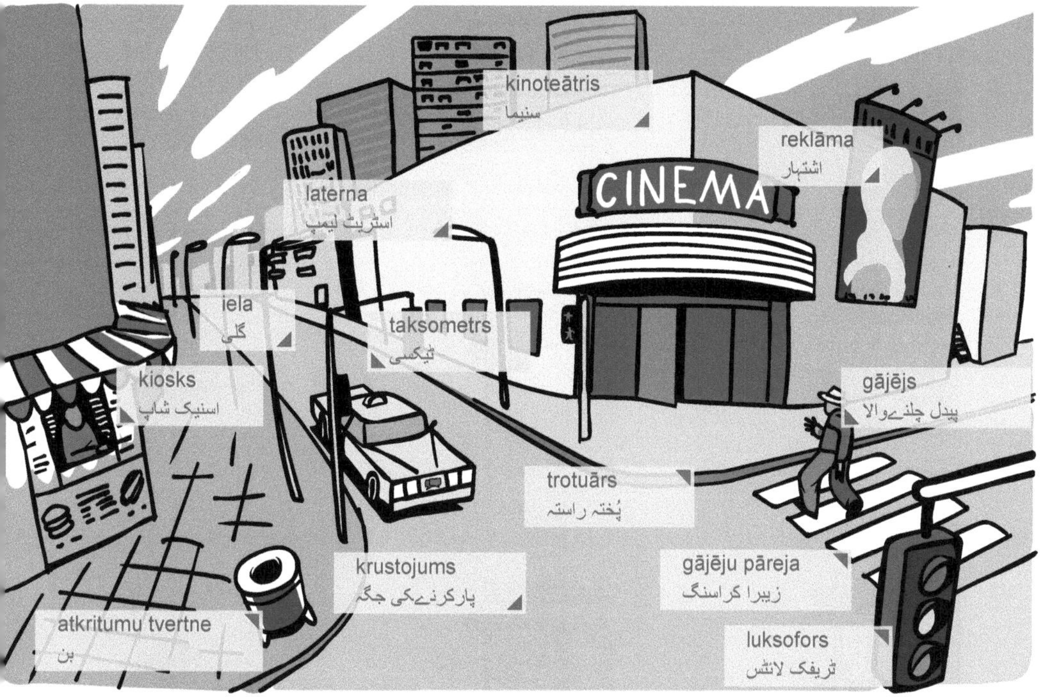

kinoteātris
سنیما

reklāma
اشتہار

laterna
اسٹریٹ لیمپ

CINEMA

iela
گلی

taksometrs
ٹیکسی

kiosks
اسنیک شاپ

gājējs
پیدل چلنے والا

trotuārs
پُختہ راستہ

krustojums
پارکرنے کی جگہ

gājēju pāreja
زیبرا کراسنگ

atkritumu tvertne
بِن

luksofors
ٹریفک لائٹس

būda
....
ہٹ

dzīvoklis
....
فلیٹ

dzelzceļa stacija
....
ٹرین اسٹیشن

rātsnams
....
ٹاؤن ہال

muzejs
....
عجائب گھر

skola
....
اسکول

universitāte

یونیورسٹی

banka

بینک

slimnīca

ہسپتال

viesnīca

ہوٹل

aptieka

فارمیسی

birojs

دفتر

grāmatnīca

کتابوں کی دُکان

veikals

دکان

ziedu veikals

پھولوں کی دُکان

lielveikals

سپر مارکیٹ

tirgus

مارکیٹ

tirdzniecības centrs

ڈیپارٹمنٹ سٹور

zivju tirgotājs

مچھلی کی دُکان

tirdzniecības centrs

شاپنگ سنٹر

osta

بندرگاہ

parks

پارک

sols

بنچ

tilts

پُل

kāpnes

سیڑھیاں

metro

انڈرگراؤنڈ

tunelis

سُرنگ

autobusa pieturvieta

بس اسٹاپ

bārs

شراب خانہ

restorāns

ریسٹورنٹ

pastkastīte

پوسٹ باکس

ielas nosaukuma plāksne

اسٹریٹ سائن

stāvlaika skaitītājs

پارکنگ میٹر

zooloģiskais dārzs

چڑیا گھر

peldbaseins

سوئمنگ پول

mošeja

مسجد

zemnieku saimniecība

کھیت

vides piesārņojums

آلودگی

kapsēta

قبرستان

baznīca

چرچ

spēļu laukums

کھیل کا میدان

templis

مندر

ainava

منظر

lapa
پتہ

ceļrādis
رہنمائی کرنے کیلگا ہوا بورڈ

ceļš
راستہ

pļava
سبزہ زار

akmens
پتھر

koks
درخت

ceļotājs
پیدل چلنےوالا، بانکر

upe
دریا

zāle
گھاس

puķe
پھول

ieleja

وادی

kalns

پہاڑی

ezers

جھیل

mežs

جنگل

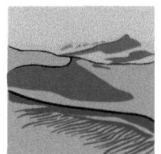

tuksnesis

صحرا

vulkāns

آتش فشاں

pils

قلعہ

varavīksne

قوس قزح

sēne

گھمبی

palma

کجھورکا درخت

moskīts

مچھر

muša

مکھی

skudra

چیونٹی

bite

مکھی

zirneklis

مکڑا

vabole

بھونرا

varde

مینڈک

vāvere

گلہری

ezis

خارپُشت

zaķis

خرگوش

pūce

اُلو

putns

پرندہ

gulbis

راج ہنس

meža cūka

سؤر

briedis

ہرن

alnis

امریکی بارہ سنگھا

aizsprosts

ڈیم

vēja ģenerators

ہوا سےچلنےوالی ٹربائنین

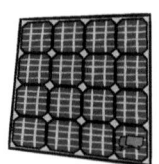

saules baterija

سولرپینل

klimats

آب وہوا

restorāns

ریسٹورنٹ

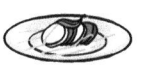

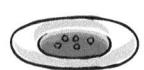

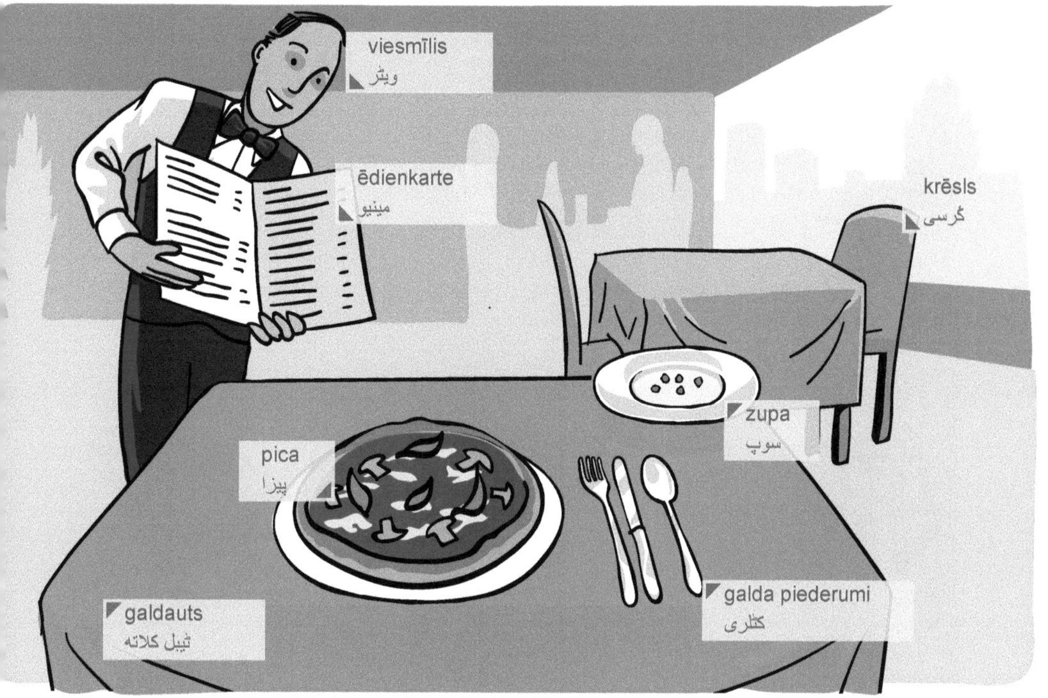

viesmīlis
ویٹر
ēdienkarte
مینیو
krēsls
کُرسی
zupa
سوپ
pica
پیزا
galdauts
ٹیبل کلاتھ
galda piederumi
کٹلری

uzkoda

اسٹارٹر

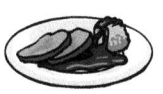

pamatēdiens

مین کورس

deserts

ڈیزرٹ

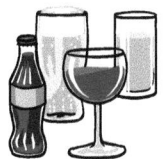

dzērieni

مشروبات

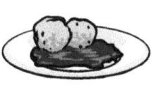

ēdiens

کھانےکی اشیاء

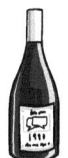

pudele

بوتل

ātrās uzkodas

فاسٹ فوڈ

ielu uzkodas

اسٹریٹ فوڈ

tējkanna

چائےدانی

cukurtrauks

شوگرباکس

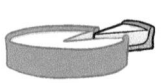

porcija

حصہ

espresso kafijas automāts

ایسپریسو مشین

bāra krēsls

اونچی گرسی

rēķins

بل

paplāte

ٹرے

nazis

چھُری

dakša

کانٹا

karote

چمچ

tējkarote

چائےکا چمچ

salvete

سرویینٹی

glāze

شیشہ

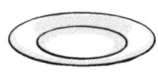

šķīvis

پلیٹ

zupas šķīvis

سوپ پلیٹ

apakštase

طشتری

mērce

چٹنی

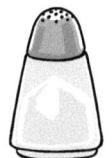

sāls trauciņš

سالٹ شیکر

piparu dzirnaviņas

پیپرمل

etiķis

سرکہ

eļļa

خوردنی تیل

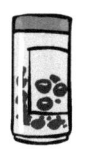

garšvielas

مصالحے

kečups

کیچپ

sinepes

سرسوں

majonēze

مینونیز

lielveikals

سُپرمارکیٹ

piedāvājums
خصوصی پیشکش
FOR
klients
گاہک
piena produkti
ڈیری
augļi
پھل
iepirkumu ratiņi
ٹرالی

BUTCHERS

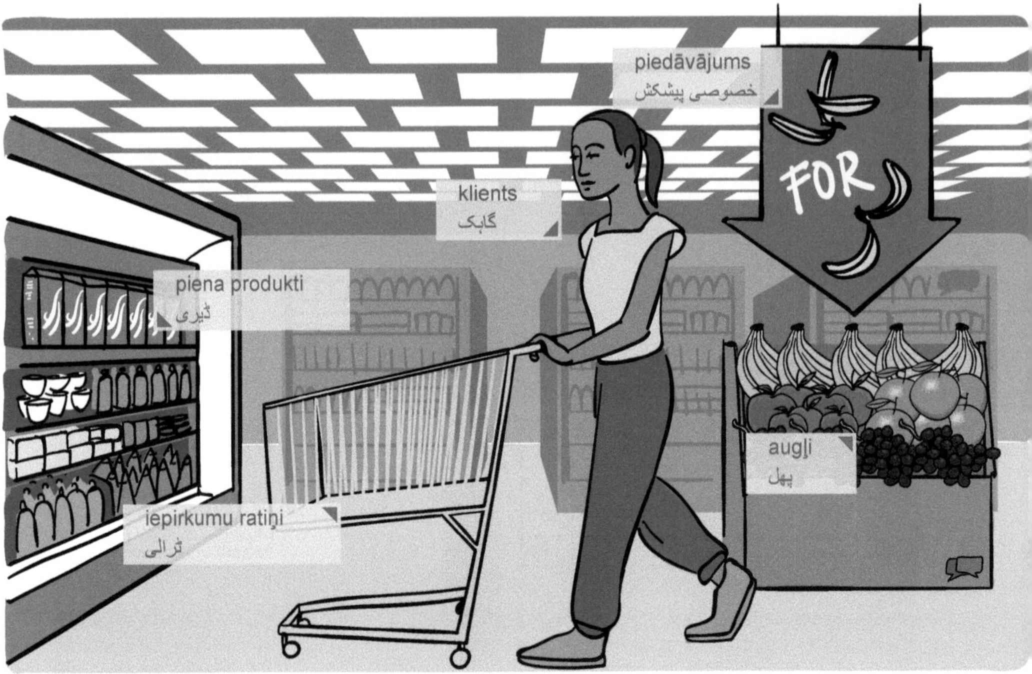

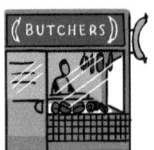

kautuve

گوشت کی دُکان

BAKERY

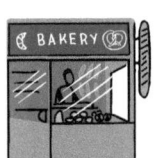

maizes veikals

بیکری

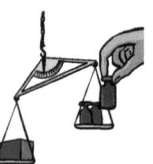

svērt

وزن کرنا

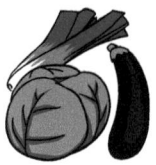

dārzeņi

سبزیاں

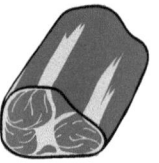

gaļa

گوشت

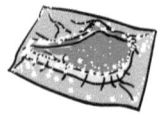

saldēti produkti

جما ہوا کھانا

aukstās gaļas uzkodas

کولڈ کٹس

konservi

ڈبّے میں بند کھانا

pulveris

واشنگ پاؤڈر

saldumi

مٹھائیاں

mājsaimniecības preces

گھریلو مصنوعات

tīrīšanas līdzeklis

صاف کرنے کیلئے مصنوعات

pārdevēja

سیلزپرسن

kase

کیش رجسٹر

kasieris

کیشئیر

iepirkumu saraksts

خریداری کی فہرست

darba laiks

اوقات کار

maks

بٹوہ

kredītkarte

کریڈٹ کارڈ

soma

تھیلا

maisiņš

پلاسٹک کے تھیلے

ūdens

پانی

sula

جوس، رس

piens

دودھ

kola

کوک

vīns

وائن

alus

بیئر

alkohols

الکوحل

kakao

کوکوآ

tēja

چائے

kafija

کافی

espresso

أيسپريسو

kapučīno

کپیاچینو

banāns

کیلا

ābols

سیب

apelsīns

مالٹا

melone

خربوزه

citrons

لیموں

burkāns

گاجر

ķiploks

لہسن

bambuss

بانس

sīpols

پیاز

sēne

کُھمبی

rieksti

اخروٹ، بادام وغیره

makaroni

نوڈلز

spageti

اسپیگیٹی

rīsi

چاول

salāti

سلاد

frī kartupeļi

چپس

cepti kartupeļi

تلے گئے آلو

pica

پیزا

hamburgers

ہیم برگر

sviestmaize

سینڈوچ

šnicele

کٹلیٹ

šķiņķis

سؤرکی ران کا گوشت

salami

گوشت کی اطالوی ساسیج

desa

ساسیج

vista

مُرغی

cepetis

روسٹ

zivs

مچھلی

ēdiens - کھانے کی اشیاء

auzu pārslas

جئی کا دلیہ

muslis

میوزلی

brokastu pārslas

کارن فلیکس

milti

آٹا

radziņš

کرونیسنٹ

brokastu maizītes

بریڈ رول

maize

بریڈ

tostermaize

ٹوسٹ

cepumi

بسکٹ

sviests

مکھن

biezpiens

دہی

kūka

کیک

ola

انڈا

cepta ola

فرائی کیا گیا انڈہ

siers

پنیر

saldējums

آئس کریم

cukurs

چینی

medus

شہد

marmelāde

جام

riekstu krēms

ناؤگٹ کریم

karijs

سالن

zemnieku saimniecība

کھیت

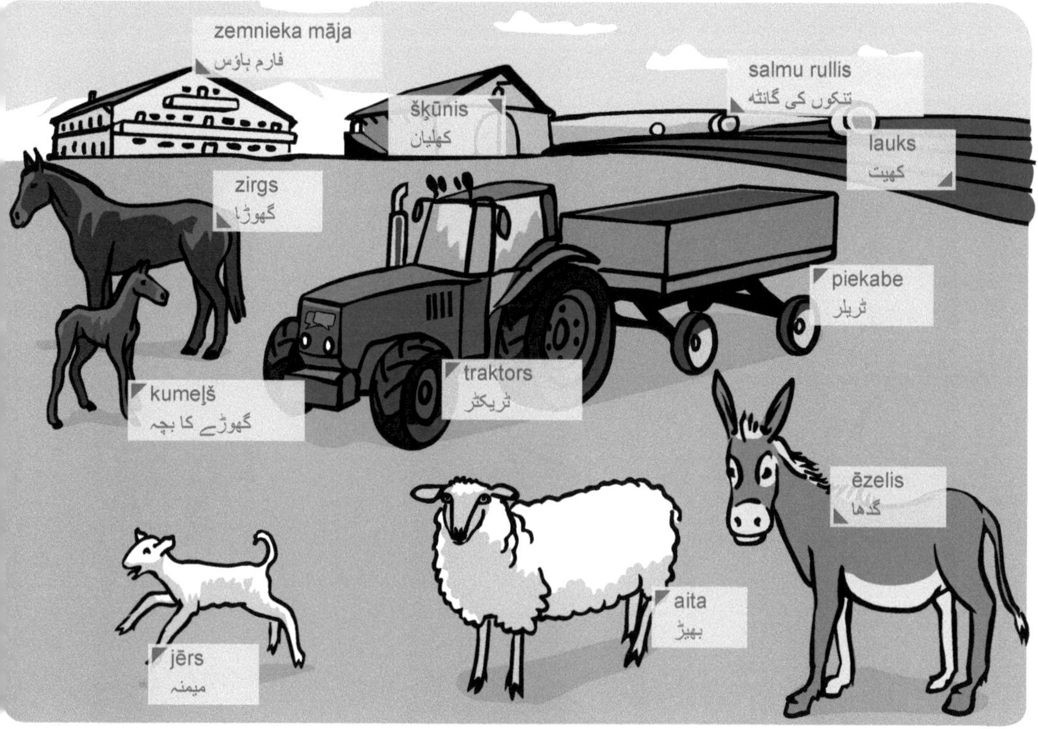

zemnieka māja
فارم ہاؤس
šķūnis
کھلیان
salmu rullis
تنکوں کی گانٹھ
lauks
کھیت
zirgs
گھوڑا
piekabe
ٹریلر
traktors
ٹریکٹر
kumeļš
گھوڑے کا بچہ
ēzelis
گدھا
aita
بھیڑ
jērs
میمنہ

kaza

بکری

govs

گائے

teļš

بچھڑا

cūka

سؤر

sivēns

سؤر کا بچہ

bullis

سانڈ

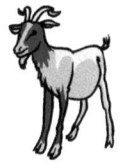

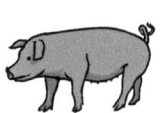

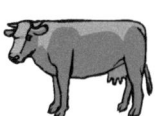

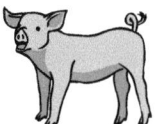

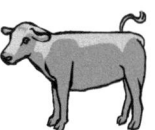

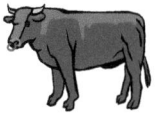

zoss

راج ہنس

pīle

بطخ

cālis

چوزہ

vista

مُرغی

gailis

مُرغا

žurka

چوہا

kaķis

بلی

pele

چوہا

vērsis

بیلچہ

suns

کتا

suņa būda

کتے کا گھر

dārza šļūtene

گارڈن ہاوس

lejkanna

پانی کا کین

izkapts

درانتی

arkls

ہل

sirpis

درانتی

kaplis

بیلچہ

mēslu dakša

ترنگل

cirvis

کلہاڑا

ķerra

ٹھیلہ گاڑی

sile

حوض

piena kanna

دودھ کا کین

maiss

تھیلا

žogs

باڑ

kūts

اصطبل

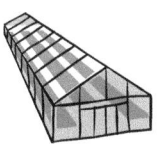

siltumnīca

گرین ہاؤس

augsne

مٹی

sēklas

بیج

mēslojums

فرٹیلائزر

kombains

کمبائن ہارویسٹر

novākt ražu

فصل کاٹنا

raža

فصل کاٹنا

jamss

افریقی آلو

kvieši

گندم

soja

سویا

kartupelis

آلو

kukurūza

مکئی

rapsis

توریا کا تیل

augļu koks

پھلداردرخت

manioka

کساوا

labība

دلیہ

māja

مکان

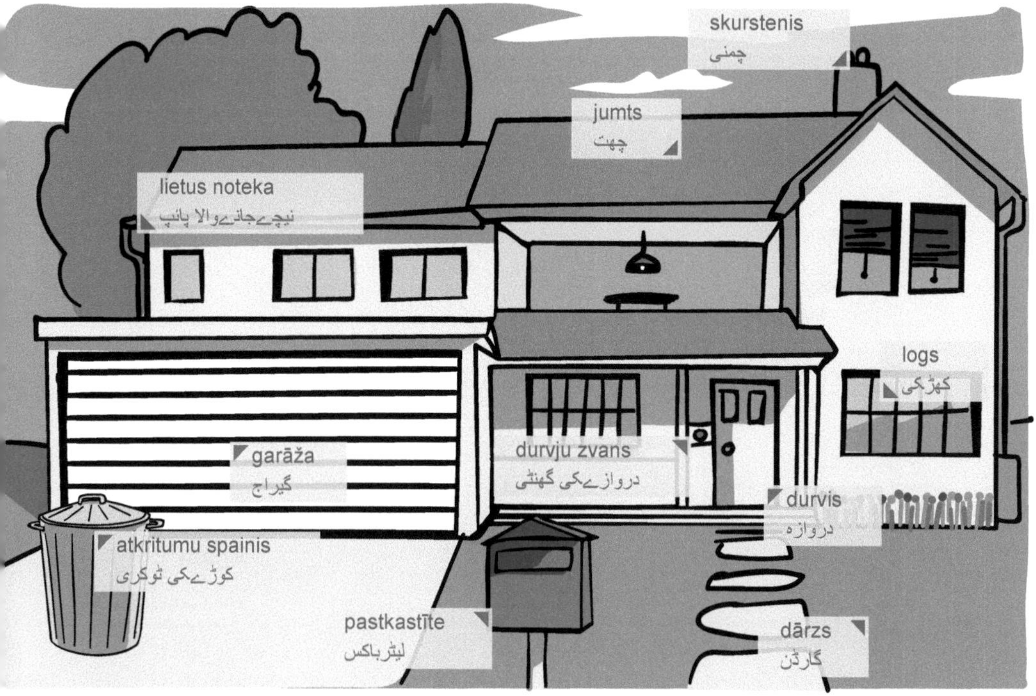
skurstenis
چمنی
jumts
چھت
lietus noteka
نیچےجانےوالا پائپ
logs
کھڑکی
garāža
گیراج
durvju zvans
دروازےکی گھنٹی
durvis
دروازہ
atkritumu spainis
کوڑےکی ٹوکری
pastkastīte
لیٹرباکس
dārzs
گارڈن

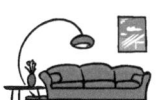

viesistaba

لوونگ روم

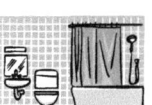

vannas istaba

غُسل خانہ

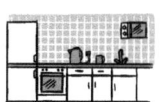

virtuve

باورچی خانہ

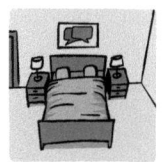

guļamistaba

بیڈروم

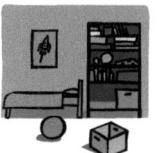

bērnu istaba

بچوں کا کمرہ

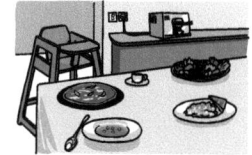

ēdamistaba

کھانےکا کمرہ

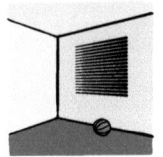

grīda

فرش

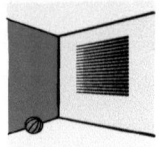

siena

دیوار

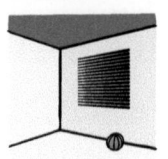

griesti

چھت

pagrabs

تہ خانہ

sauna

سوانا

balkons

بالکونی

terase

ٹیریس

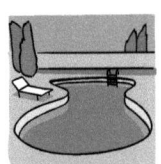

baseins

پول

zāles pļāvējs

گھاس کاٹنے کی مشین

gultas veļa

چادر

sega

چادر

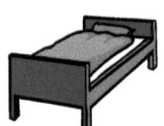

gulta

بستر

slota

جھاڑو

spainis

بالٹی

slēdzis

سوئچ

viesistaba
لوونگ روم

tapetes
وال پیپر
attēls
تصویر
lampa
لیمپ
plaukts
شیلف
skapis
الماری
televizors
ٹیلی ویژن
kamīns
آتش دان
puķe
پھول
spilvens
کُشن
dīvāns
صوفہ
vāze
گلدان
tālvadības pults
ریموٹ کنٹرول

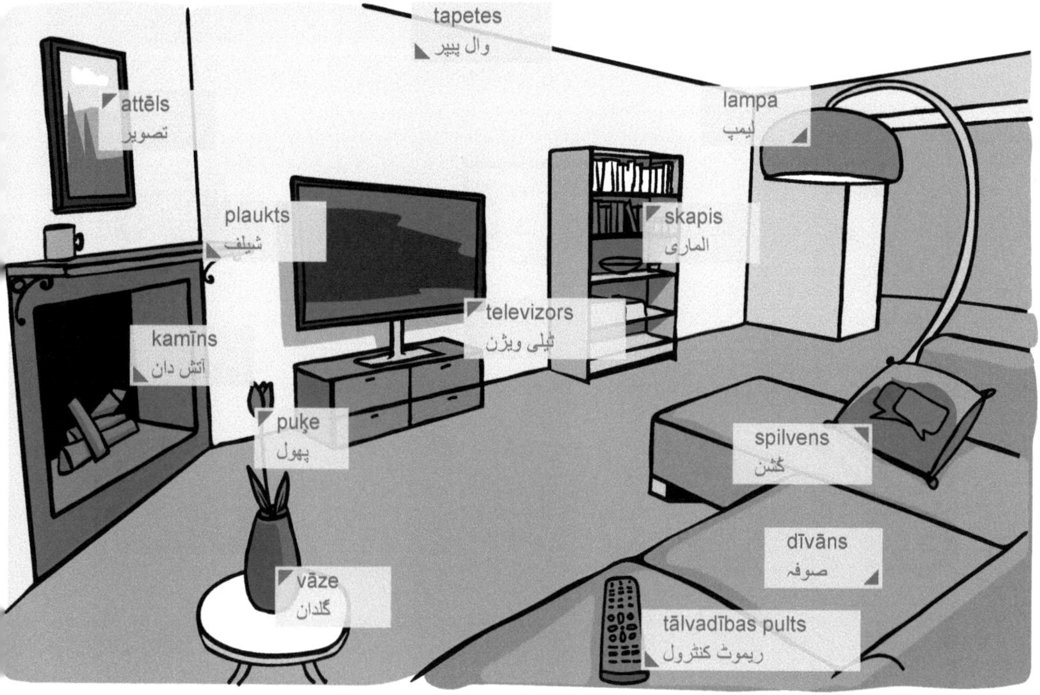

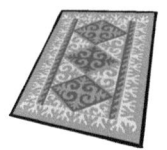

paklājs

قالین

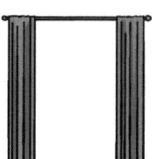

aizkars

پردے

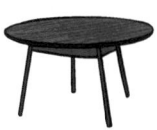

galds

میز

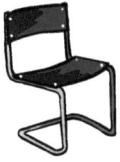

krēsls

کرسی

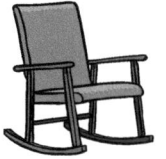

šūpuļkrēsls

ہلنے والی کرسی

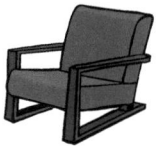

atpūtas krēsls

آرام کرسی

grāmata

كتاب

sega

كمبل

dekorācija

آرائش

malka

جلانے کی لکڑی

filma

فلم

mūzikas centrs

بانی فانی

atslēga

چابی

avīze

اخبار

glezna

پینٹنگ

plakāts

پوسٹر

radio

ریڈیو

pierakstu blociņš

نوٹ بُک

putekļu sūcējs

ویکیوم کلینر

kaktuss

کیکٹس

svece

موم بتی

virtuve
باورچی خانہ

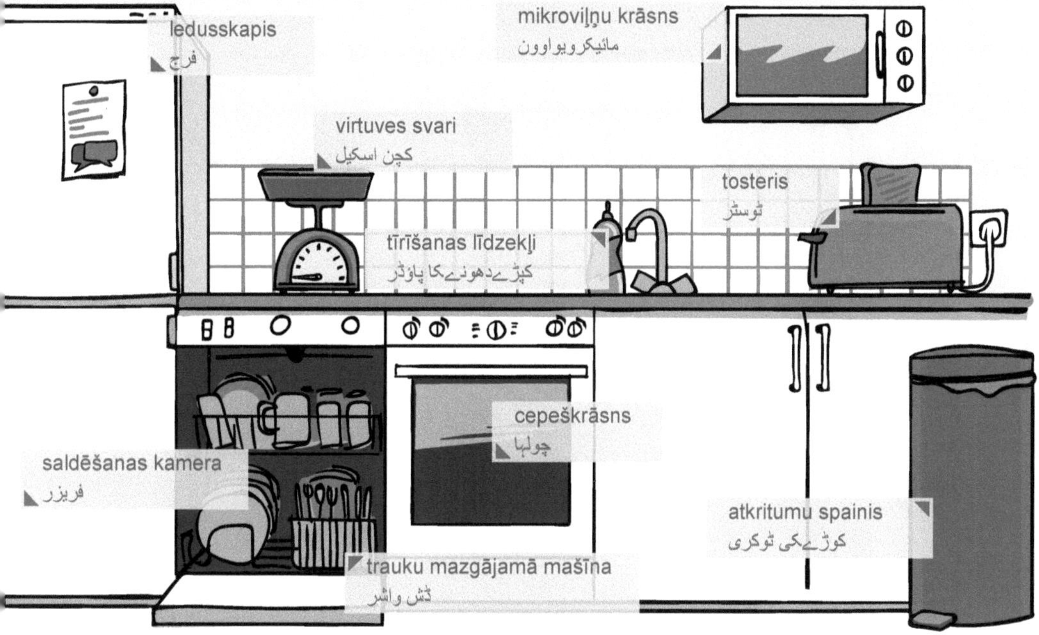
ledusskapis
فرج
mikroviļņu krāsns
مائیکروویواوون
virtuves svari
کچن اسکیل
tosteris
ٹوسٹر
tīrīšanas līdzekļi
کپڑے دھونے کا پاؤڈر
cepeškrāsns
چولہا
saldēšanas kamera
فریزر
atkritumu spainis
کوڑے کی ٹوکری
trauku mazgājamā mašīna
ڈش واشر

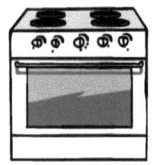

plīts
ککر

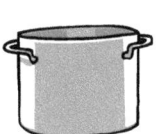

pods
برتن

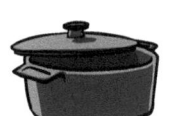

katls
لوہے کا برتن

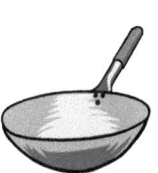

Wok panna
کڑاہی

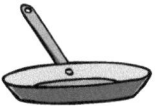

panna
برتن

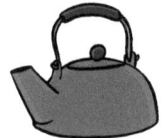

elektriskā tējkanna
کیتلی

tvaika katls

اسٹیمر

cepešpanna

بیکنگ ٹرے

trauki

کراکری

krūze

مگ

bļoda

پیالہ

irbulīši

چاپ اسٹکس

kauss

ڈونی

lāpstiņa

کفچہ

putošanas slotiņa

جھاڑودینا

sietiņš

مقطر

siets

چھلنی

rīve

گریٹر

piesta

کونڈی

grilēt

باربی کیو

atklāts pavards

کھُلی آگ

dēlis

چاپنگ بورڈ

mīklas rullis

بیلن

korķu viļķis

کارک اسکریو

bundža

کین

konservu nazis

کین اوپنر

virtuves cimdi

برتن پکڑنےوالا کپڑا

izlietne

سنک

birste

برش

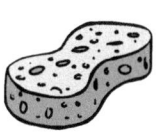

sūklis

اسپونج

mikseris

بلینٹر

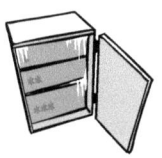

saldētava

ٹیپ فریز

bērna pudelīte

بچےکی بوتل

ūdenskrāns

ٹونٹی

vannas istaba

غسل خانہ

apkure
ہیٹنگ
dvielis
تولیہ
duša
شاور
dušas aizkari
شاورکرٹن
vannas putas
ببل باتھ
vanna
باتھ ٹب
veļas mašīna
واشنگ مشین
flīzes
ٹائلیں
ūdenskrāns
ٹونٹی
glāze
شیشہ
podiņš
پاٹی
izlietne
سنک

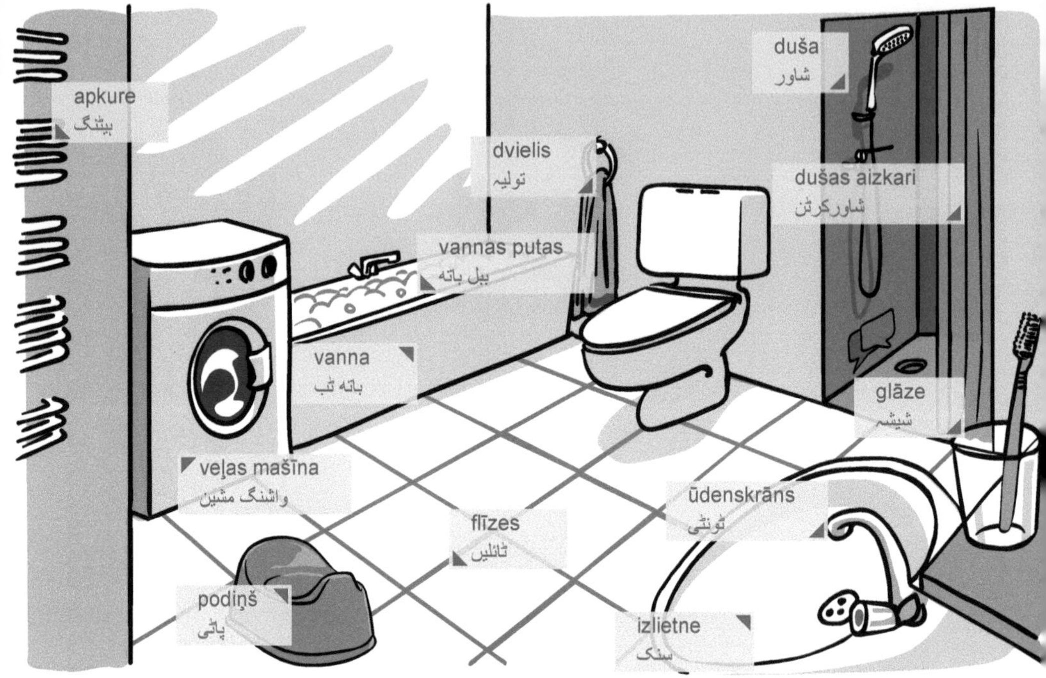

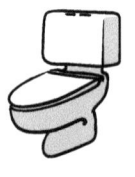

tualetes pods

ٹائلٹ

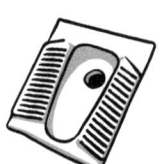

Āzijas tipa tualete

دوزانوں بیٹھنےوالی ٹائلٹ

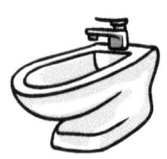

bidē

نچلاحصہ دھونےکیلئےپاٹ

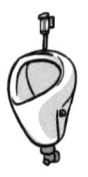

pisuārs

پیشاب گاہ

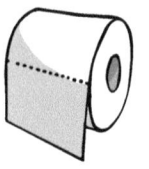

tualetes papīs

ٹائلٹ پیپر

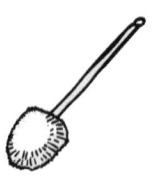

tualetes birste

ٹائلٹ برش

zobu birste

ٹوتھ برش

zobu pasta

ٹوتھ پیسٹ

zobu diegs

ڈینٹل فلاس

mazgāt

دھونا

rokas duša

ہینڈ شاور

duša

شاور

bļoda

بیسن

muguras mazgāšanas birste

بیک برش

ziepes

صابن

dušas želeja

شاورجل

šampūns

شیمپو

mazgāšanas drāna

فلالین

noteka

ڈرین

krēms

کریم

dezodorants

ڈیوڈورنٹ

spogulis

آئینہ

spogulītis

ہاتھ میں پکڑا جانے والا آئینہ

skuveklis

ریزر

skūšanās putas

شیونگ فوم

losjons pēc skūšanās

آفٹرشیو

ķemme

کنگھی

matu suka

برش

matu fēns

ہیئرڈرائر

matu laka

ہیئراسپرے

grima komplekts

میک اپ

lūpu krāsa

لپ اسٹک

nagulaka

نیل وارنش

vate

روئی

šķērītes

ناخن کاٹنے کی قینچی

smaržas

پرفیوم

kosmētikas maks

واش بیگ

ķeblītis

پاخانہ

svari

وزن کرنے کی مشین

halāts

باتھ روب

tīrīšanas cimdi

ربڑ کے دستانے

tampons

ٹیمپون

pakete

سینیٹری ٹاول

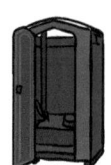

ķīmiskā tualete

کیمیکل ٹائلٹ

bērnu istaba

بچوں کا کمرہ

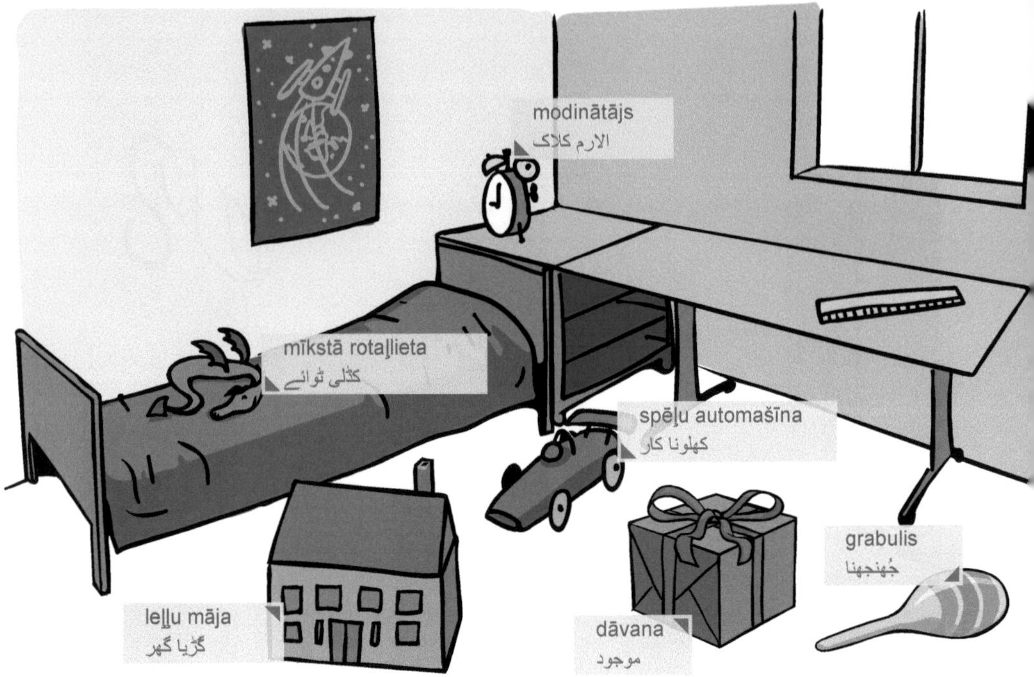

modinātājs
الارم کلاک
mīkstā rotaļlieta
کڈلی ٹوائے
spēļu automašīna
کھلونا کار
grabulis
جُھنجھنا
leļļu māja
گڑیا گھر
dāvana
موجود

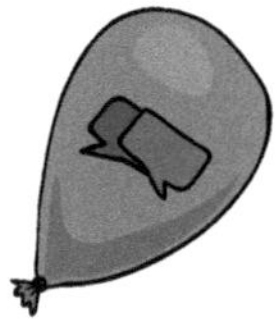

balons

غبارہ

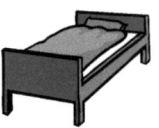

gulta

بستر

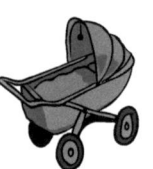

bērnu ratiņi

پرام

kārtis

ڈیک آف کارڈز

puzle

جگسا

SUPER MEGA

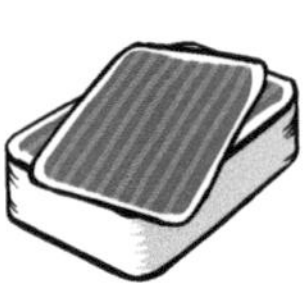

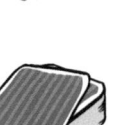

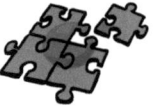

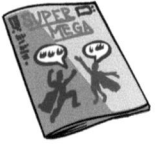

komikss

کامک

LEGO klucīši

ليگوبريكس

klucīši

کھلونا بلاکس

varoņu figūra

ایکشن فگر

rāpulītis

بچے کا لباس

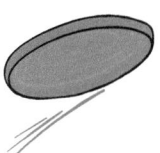

lidojošais šķīvītis

فرسبی

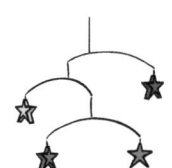

muzikālais karuselis

کھلونا موبائل

galda spēle

بورڈ گیم

metamais kauliņš

ڈائس

rotaļu dzelzceļš

ماڈل ٹرین سیٹ

māneklis

ڈمی

ballīte

پارٹی

bilžu grāmata

تصاویر والی کتاب

bumba

گیند

lelle

گڑیا

spēlēt

کھیلنا

smilšu kaste

سینڈ پٹ

šūpoles

جھولا جھولنا

rotaļlietas

کھلونے

spēļu konsole

وڈیوگیم کنسول

trīsritenis

تین پہیوں والی سائیکل

plīša lācītis

ٹیڈی بیئر

drēbju skapis

کپڑوں کی الماری

apģērbs

لباس

īszeķes

موزے

zeķes

اسٹاکنگز

zeķbikses

ٹائٹس

šalle
اسکارف

lietussargs
چھتری

T-krekls
ٹی شرٹ

siksna
بیلٹ

zābaks
بوٹ

čības
سلیپر

botas
اسنیکرز

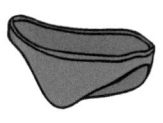

sandales
....
سینڈل

kurpes
....
جوتے

gumijas zābaki
....
ربڑ کے بوٹس

apakšbikses
....
زیرجامہ

krūšturis
....
بریزئیر

apakškrekls
....
واسکٹ

bodijs

جسم

bikses

پتلون

džinsi

جینز

svārki

اسکرٹ

blūze

بلاؤز

krekls

قمیض

pulovers

پُل اوور

džemperis

سویٹر

žakete

بلیزر

jaka

جیکٹ

mētelis

کوٹ

lietus mētelis

رین کوٹ

kostīms

کوئی خاص لباس

kleita

لباس

kāzu kleita

شادی کا لباس

uzvalks

سوٹ

naktskrekls

نائٹ گاؤن

pidžama

پانجامہ

sari

ساڑھی

lakats

سرپرلیا جانےوالا اسکارف

turbāns

پگڑی

burka

بُرقع

kaftāns

کفتان

abaja

عبایہ

peldkostīms

تیراکی کا سوٹ

peldbikses

ٹرنک

šorti

نیکر

treniņtērps

ٹریک سوٹ

priekšauts

اپرن

cimdi

دستانے

poga

بٹن

brilles

عینک

rokassprādze

کنگن

kaklarota

ہار

gredzens

انگوٹھی

auskars

کانوں کی بالیاں

cepure

ٹوپی

drēbju pakaramais

کوٹ ہینگر

platmale

ہیٹ

kaklasaite

ٹائی

rāvējslēdzējs

زپ

ķivere

ہیلمٹ

bikšturi

بریسز

skolas forma

سکول یونیفارم

uniforma

وردی

priekšautiņš
....
بب

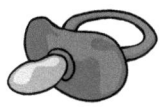

māneklis
....
ڈمی

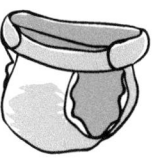

autiņbiksītes
....
نیپی

birojs
دفتر

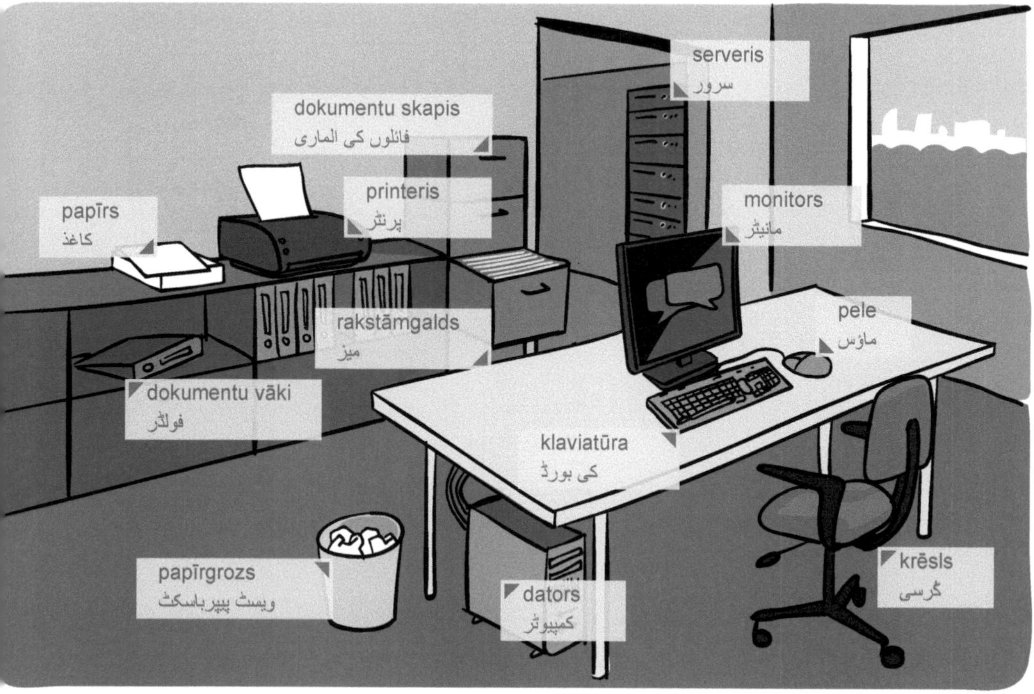

serveris
سرور

dokumentu skapis
فائلوں کی الماری

printeris
پرنٹر

papīrs
كاغذ

monitors
مانیٹر

pele
ماؤس

rakstāmgalds
میز

dokumentu vāki
فولڈر

klaviatūra
کی بورڈ

krēsls
کرسی

papīrgrozs
ویسٹ پیپرباسکٹ

dators
کمپیوٹر

kafijas krūze
....
کافی مگ

kalkulators
....
کیلکولیٹر

internets
....
انٹرنیٹ

portatīvais dators

ليپ ٹاپ

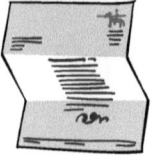

vēstule

خط

ziņa

پيغام

mobilais tālrunis

موبائل

tīkls

نيٹ ورک

kopētājs

فوٹوکاپئیر

programmatūra

سافٹ وئیر

telefons

ٹیلی فون

rozete

پلگ ساکٹ

faksa aparāts

فيکس مشین

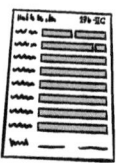

formulārs

فارم

dokuments

دستاویز

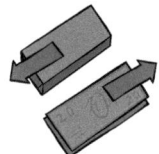

pirkt

خریدنا

samaksāt

ادائیگی کرنا

tirgot

تجارت کرنا

nauda

رقم

dolārs

ڈالر

eiro

یورو

jēna

ین

rublis

روبل

franks

سوئس فرانک

juaņa renminbi

رینمینبی یوآن

rūpija

روپیہ

bankomāts

کیش پوائنٹ

valūtas maiņas punkts

رقم تبدیل کرانے کیلئے دفتر

zelts

سونا

sudrabs

چاندی

nafta

خام تیل

enerģija

توانائی

cena

قیمت

līgums

معاہدہ

nodoklis

ٹیکس

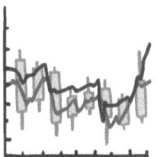

akcija

اسٹاک

strādāt

کام کرنا

darbinieks

ملازم

darba devējs

آجر

fabrika

فیکٹری

veikals

دکان

profesijas
پیشے

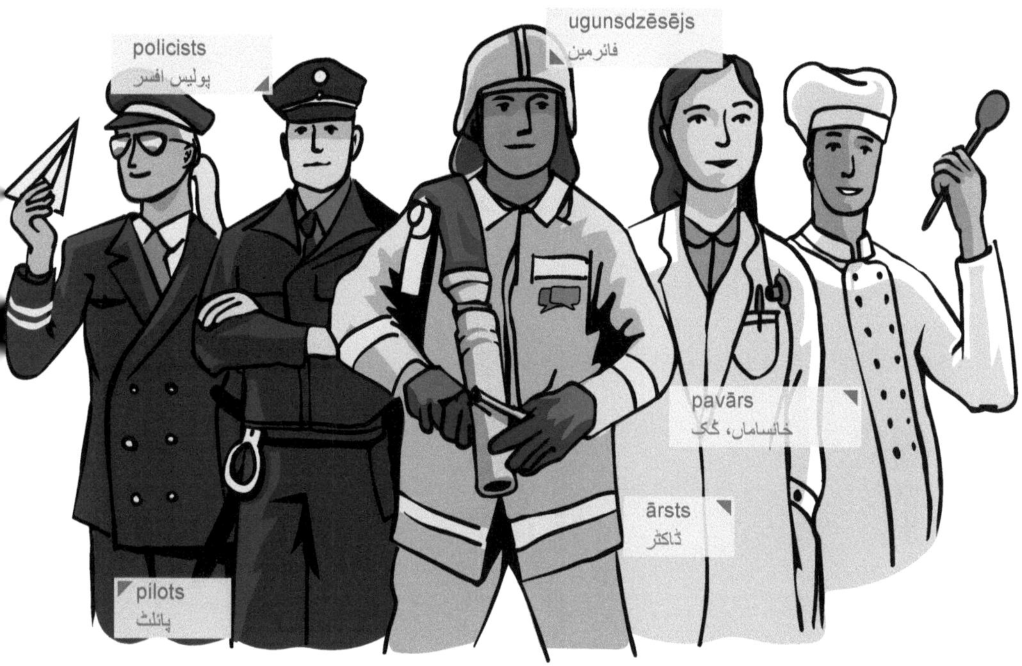

policists
پولیس افسر
ugunsdzēsējs
فائرمین
pavārs
خانساماں، کُک
ārsts
ڈاکٹر
pilots
پائلٹ

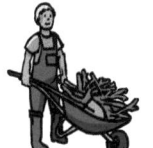

dārznieks
مالی

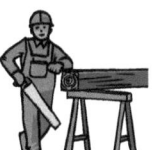

galdnieks
ترکھان

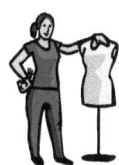

šuvēja
درزن

tiesnesis
جج

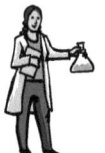

ķīmiķis
کیمسٹ

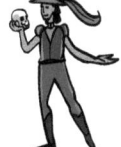

aktieris
اداکار

autobusa vadītājs

بس ڈرائیور

taksometra vadītājs

ٹیکسی ڈرائیور

zvejnieks

مچھیرا

apkopēja

صفائی کرنے والی عورت

jumiķis

چھت بنانے والا

viesmīlis

ویٹر

mednieks

شکاری

gleznotājs

پینٹر

maiznieks

بیکر

elektriķis

الیکٹریشین

celtnieks

بلڈر

inženieris

انجینیر

miesnieks

قصائی

skārdnieks

پلمبر

pastnieks

ڈاکیا

karavīrs

سپاہی

arhitekts

آرکیٹیکٹ

kasieris

کیشنیر

florists

پھول بیچنےوالا

frizieris

نائی

konduktors

کنڈکٹر

mehāniķis

مکینک

kapteinis

کپتان

zobārsts

ڈینٹسٹ

zinātnieks

سائنسدان

rabīns

یہودی عالم

imāms

امام

mūks

راہب

mācītājs

پادری

instrumenti

اوزار

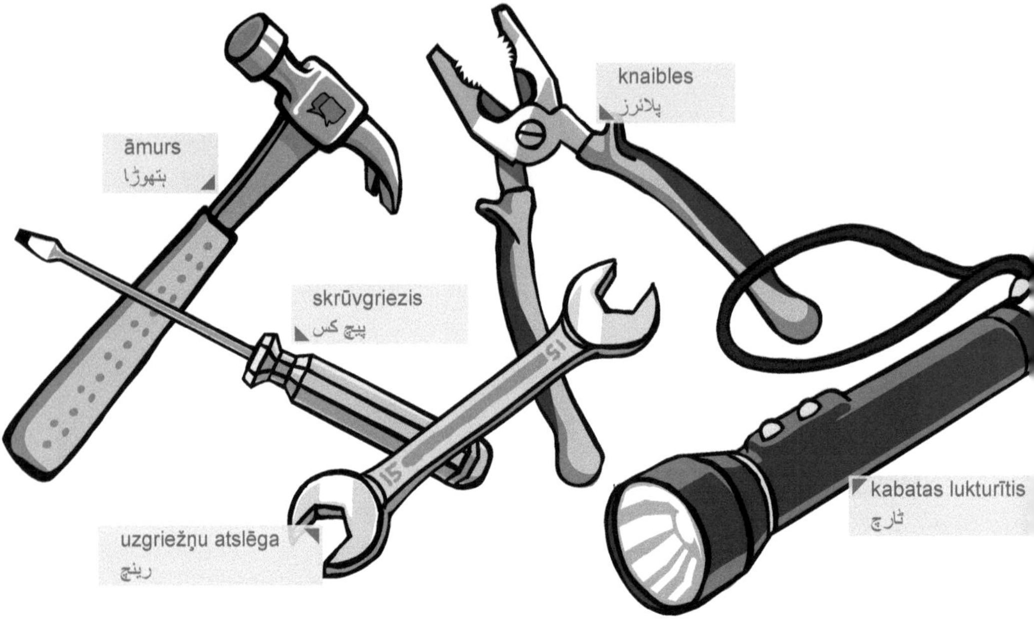

āmurs
ہتھوڑا
knaibles
پلائرز
skrūvgriezis
پیچ کس
uzgriežņu atslēga
رینچ
kabatas lukturītis
ٹارچ

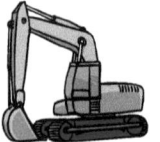

ekskavators

ایکسکویٹر

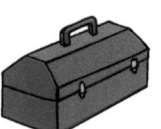

instrumentu kaste

ٹول باکس

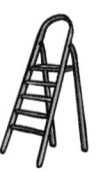

kāpnes

سیڑھی

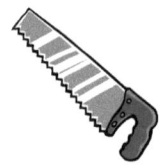

zāģis

آری

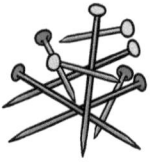

naglas

کیل

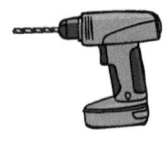

urbis

ڈرل

remontēt

مرمت کرنا

lāpsta

بیلچہ

Velns!

لعنت ہو!

liekšķere

ڈسٹ پین

krāsas bundža

پینٹ پاٹ

skrūves

پیچ

mūzikas instrumenti

آلات موسیقی

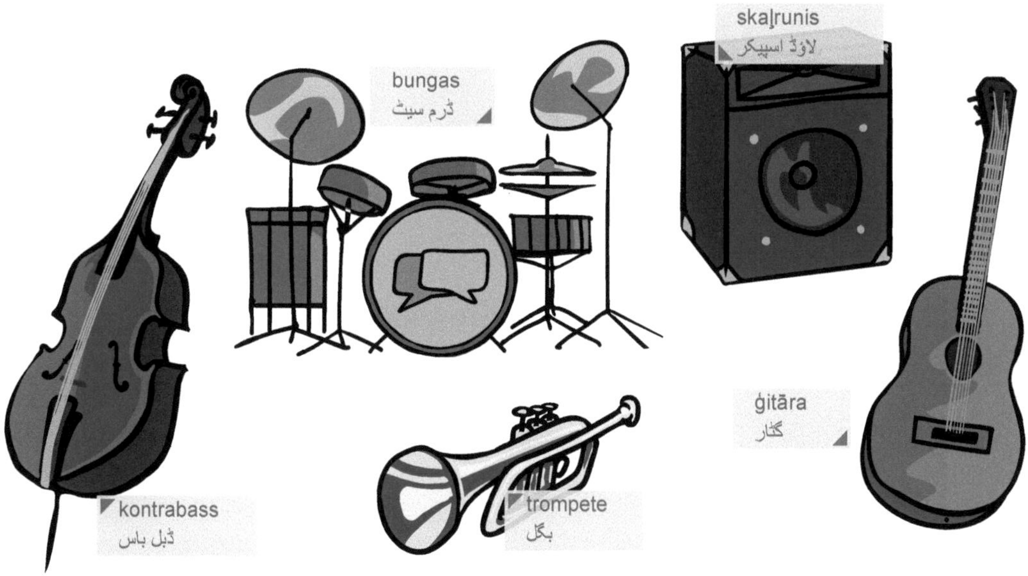

skaļrunis
لاؤڈ اسپیکر

bungas
ڈرم سیٹ

kontrabass
ڈبل باس

trompete
بگل

ġitāra
گٹار

klavieres

پیانو

vijole

وائلن

bass

موسیقی کی آواز

timpāni

ثمپانی

bungas

ڈھول، ڈرمز

digitālās klavieres

کی بورڈ

saksofons

سیکسوفون

flauta

بانسری

mikrofons

مائیکروفون

zooloģiskais dārzs

چڑیا گھر

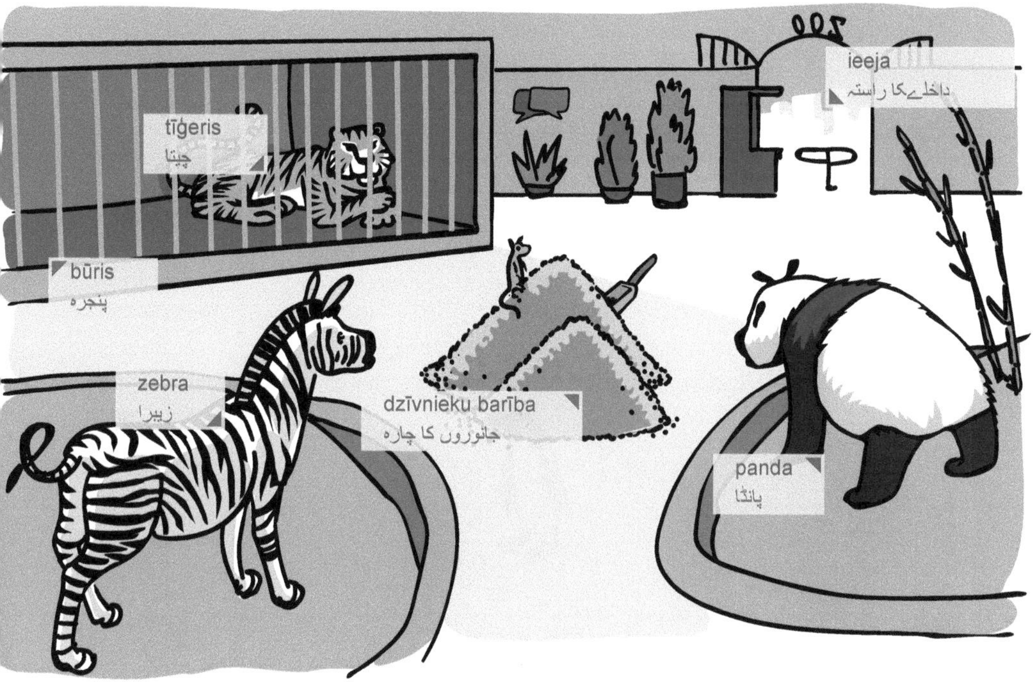
ieeja
داخلے کا راستہ
tīģeris
چیتا
būris
پنجرہ
zebra
زیبرا
dzīvnieku barība
جانوروں کا چارہ
panda
پانڈا

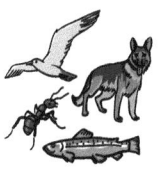

dzīvnieki

جانور

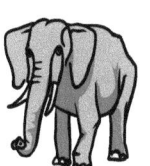

zilonis

ہاتھی

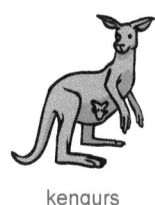

ķengurs

کینگرو

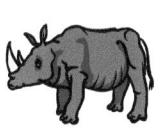

degunradzis

گینڈا

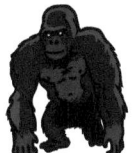

gorilla

گوریلا

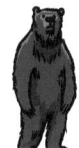

lācis

ریچھ

kamielis

اونٹ

strauss

شُتَرمُرغ

lauva

شیر

pērtiķis

بندر

flamings

فلیمنگو

papagailis

طوطا

polārlācis

قطبی ریچھ

pingvīns

کبوتر

haizivs

شارک

pāvs

مور

čūska

سانپ

krokodils

مگرمچھ

zoodārza sargs

چڑیا گھر کا محافظ

ronis

سیل

jaguārs

امریکی تیندوا

ponijs

ٹٹو

leopards

چیتا

nīlzirgs

دریائی گھوڑا

žirafe

زرافہ

ērglis

عقاب

meža cūka

سؤر

zivs

مچھلی

bruņurupucis

کچھوا

valzirgs

سمندری گھوڑا

lapsa

لومڑی

gazele

غزال ہرن

amerikāņu futbols
امریکن فٹ بال

riteņbraukšana
سائیکلنگ

teniss
ٹینس

basketbols
باسکٹ بال

peldēšana
پیراکی

bokss
باکسنگ

hokejs
آئس ہاکی

futbols
فٹ بال

badmintons
بیڈمنٹن

vieglatlētika
اتھلیٹکس

rokas bumba
ہینڈ بال

slēpošana
اسکیننگ

polo
پولو

lēkt
چھلانگ لگانا

smieties
ہنسنا

apskaut
گلے لگانا

iet
چلنا

dziedāt
گانا

sapņot
خواب دیکھنا

lūgt
دُعا کرنا

skūpstīt
چُومنا

rakstīt
لکھنا

zīmēt
تصویرکشی کرنا

rādīt
دکھانا

spiest
آگے کی طرف دھکیلنا

dot
دینا

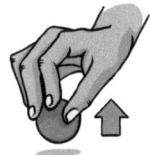

ņemt
لینا

būt

رکھنا

darīt

کرنا

būt

ہونا

stāvēt

کھڑا ہونا

skriet

دوڑنا

vilkt

کھینچنا

mest

پھینکنا

krist

گرنا

gulēt

جھوٹ بولنا

gaidīt

انتظار کرنا

nest

اٹھانا

sēdēt

بیٹھنا

uzģērbt

ملبوس ہونا

gulēt

سونا

pamosties

جاگنا

skatīties

دیکھنا

raudāt

رونا

glāstīt

چوٹ لگانا

ķemmēt

کنگھی کرنا

runāt

بات کرنا

saprast

سمجھنا

jautāt

پوچھنا

dzirdēt

مُتوجہ ہونا

dzert

پینا

ēst

کھانا

sakārtot

صاف کرنا

mīlēt

پیارکرنا

vārīt

پکانا

braukt

گاڑی چلانا

lidot

اڑنا

burot

بحری سفر کرنا

rēķināt

شمار کریں

lasīt

پڑھنا

mācīties

سیکھنا

strādāt

کام کرنا

precēties

شادی کرنا

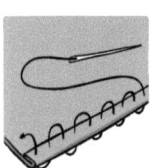

šūt

سینا

tīrīt zobus

دانت صاف کرنا

nogalināt

جان سے ماردینا

smēķēt

تمباکونوشی کرنا

sūtīt

بھیجنا

vecāmāte
دادی

vectēvs
دادا

tēvs
باپ

māte
ماں

mazulis
طفل

meita
بیٹی

dēls
بیٹا

viesis

مہمان

tante

چچی

onkulis

چچا

brālis

بھائی

māsa

بہن

ķermenis

جسم

piere
ماتھا
acs
آنکھ
plecs
کندھا
pirksts
انگلی
seja
چہرہ
zods
ٹھوڑی
roka
ہاتھ
krūtis
چھاتی
kāja
ٹانگ
roka
بازو

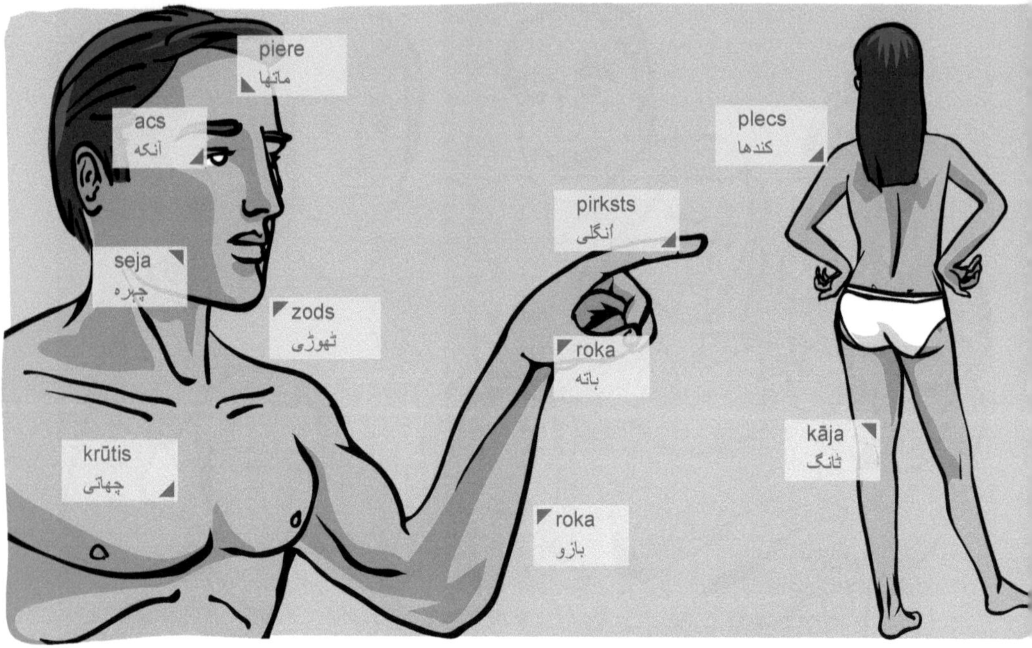

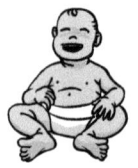

mazulis

طفل

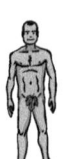

vīrietis

آدمی

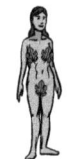

sieviete

عورت

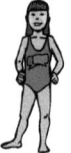

meitene

لڑکی

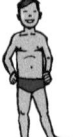

zēns

لڑکا

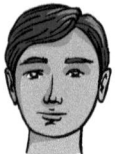

galva

سر

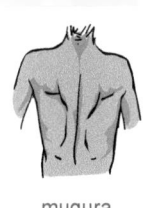

mugura

کمر

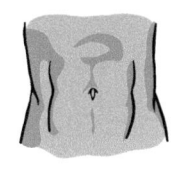

vēders

پیٹ

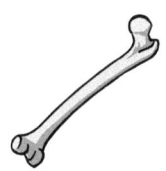

naba

ناف

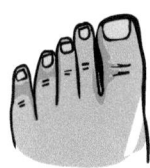

kājas pirksts

پاؤں کا انگوٹھا

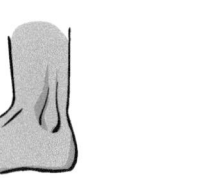

papēdis

ایڑھی

kauls

ہڈی

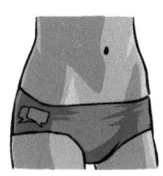

gurns

کولہا

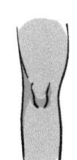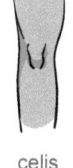

celis

گھٹنا

elkonis

کہنی

deguns

ناک

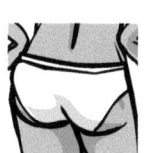

dibens

نچلا حصہ

āda

جلد

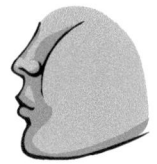

vaigs

گل

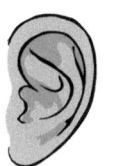

auss

کان

lūpa

بونٹ

mute

مُنہ

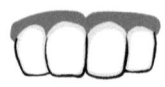

zobs

دانت

mēle

زُبان

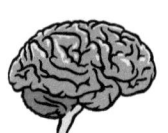

smadzenes

دماغ

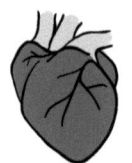

sirds

دل

muskulis

پِٹھہ

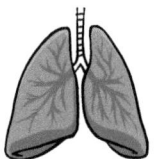

plaušas

پھیپھڑا

aknas

جگر

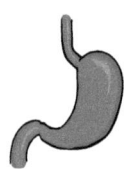

kuņģis

معدہ

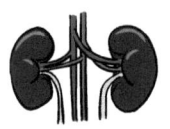

nieres

گردے

dzimumakts

جنس

kondoms

کنڈوم

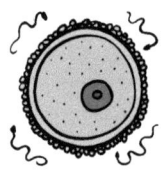

olšūna

بیضہ

sperma

مادہ منویہ

grūtniecība

حمل

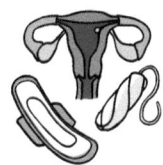

menstruācijas

حیض

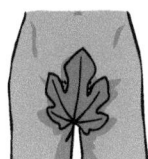

vagīna

اندام نہانی

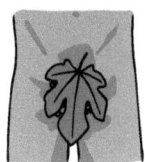

penis

عضو تناسل

uzacs

بھنویں

mati

بال

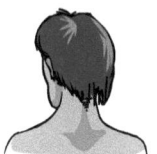

kakls

گردن

slimnīca

ہسپتال

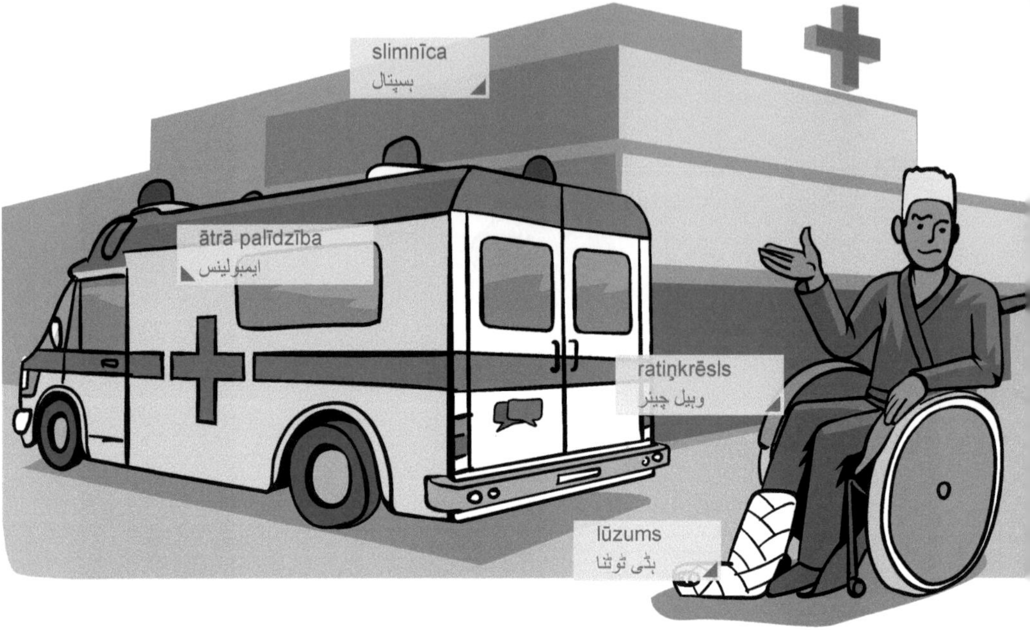

slimnīca
ہسپتال
ātrā palīdzība
ایمبولینس
ratiņkrēsls
وہیل چیئر
lūzums
ہڈی ٹوٹنا

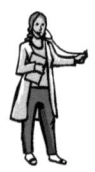

ārsts

ڈاکٹر

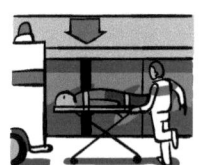

neatliekamās palīdzības nodaļa

ہنگامی کمرہ

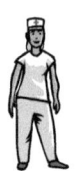

medmāsa

نرس

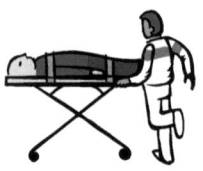

ārkārtas gadījums

ہنگامی صورتحال

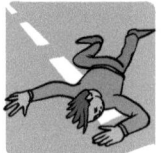

paģībis

بےہوش

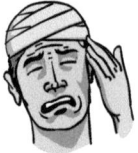

sāpes

درد

ievainojums

زخم

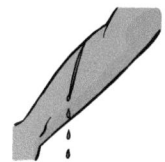

asiņošana

خون بہنا

sirdslēkme

دل کا دورہ

insults

فالج

alerģija

الرجی

klepus

کھانسی

temperatūra

بخار

gripa

زکام

caureja

اسہال

galvassāpes

سردرد

vēzis

کینسر

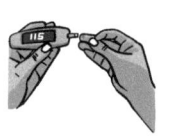

diabēts

ذیابیطس

ķirurgs

سرجن

skalpelis

نشتر

operācija

آپریشن

datortomogrāfija

سی ٹی

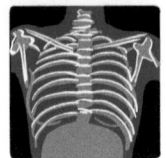

rentgents

ایکس رے

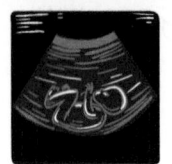

ultraskaņa

الٹراساؤنڈ

sejas maska

چہرے کا نقاب

slimība

بیماری

uzgaidāmā telpa

انتظارگاہ

kruķis

بیساکھی

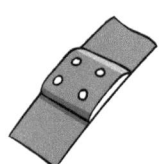

plāksteris

پلاسٹر

apsējs

پٹی

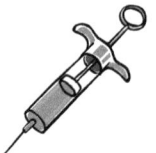

injekcija

انجکشن

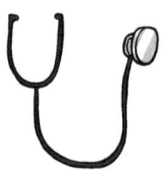

stetoskops

اسٹیتھواسکوپ

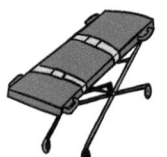

nestuves

اسٹریچر

termometrs

مطبی تھرما میٹر

dzemdības

پیدائش

liekais svars

حد سےزیادہ وزن

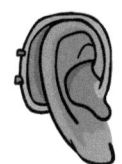

dzirdes aparāts

آلہ سماعت

dezinfekcijas līdzeklis

جراثیم کش

infekcija

انفیکشن

vīruss

وائرس

HIV / AIDS

ایچ آئی وی/ ایڈز

zāles

دوا

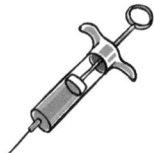

pote

ویکسی نیشن

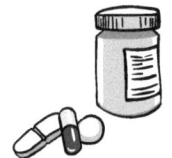

tabletes

گولیاں

pretapaugļošanās tablete

گولی

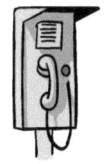

ārkārtas izsaukums

ہنگامی کال

asinsspiediena mērītājs

بلڈ پریشرمانیٹر

slims / vesels

بیمار/ صحتمند

Palīgā!

مدد!

trauksme

الارم

uzbrukums

مُجرمانہ حملہ

uzbrukums

حملہ

bīstamība

خطرہ

avārijas izeja

ہنگامی راستہ

Uguns!

آگ!

ugunsdzēšamais aparāts

آگ بُجھانے والہ آلہ

negadījums

حادثہ

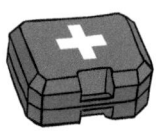

pirmās palīdzības aptieciņa

ابتدائی طبی امداد کی کٹ

SOS

ایس او ایس

policija

پولیس

Eiropa

يورپ

Ziemeļamerika

شمالی امریکہ

Dienvidamerika

جنوبی امریکہ

Āfrika

افریقہ

Āzija

ایشیا

Austrālija

آسٹریلیا

Atlantijas okeāns

بحراوقیانوس

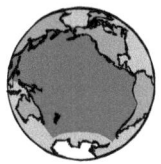

Klusais okeāns

بحرالکاہل

Indijas okeāns

بحربند

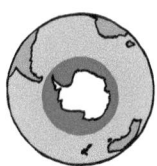

Dienvidu okeāns

بحرقُطب جنوبی

Ziemeļu ledus okeāns

بحرقُطب شمالی

Ziemeļpols

قُطب شمالی

Dienvidpols

قُطب جنوبی

Antarktika

انٹارکٹیکا

zeme

زمین

zeme

زمین

jūra

سمندر

sala

جزیرہ

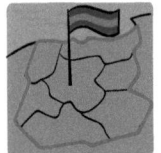

nācija

قوم

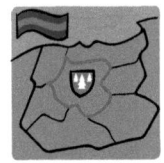

valsts

ریاست

ciparnīca

کلاک کا سامنے کا حصہ

stundu rādītājs

گھنٹوں والی سوئی

minūšu rādītājs

منٹوں والی سوئی

sekunžu rādītājs

سیکنڈ ہینڈ

Cik ir pulkstenis?

کیا وقت ہوا ہے؟

diena

دن

laiks

وقت

tagad

اب

digitālais pulkstenis

ڈیجیٹل گھڑی

minūte

منٹ

stunda

گھنٹہ

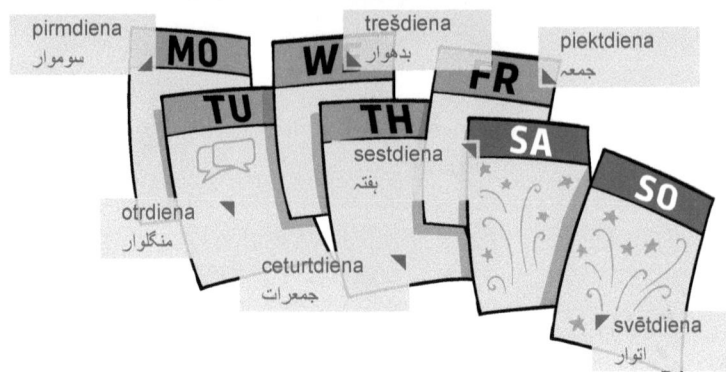

pirmdiena
سوموار

trešdiena
بدهوار

piektdiena
جمعه

sestdiena
هفته

otrdiena
منگلوار

ceturtdiena
جمعرات

svētdiena
اتوار

vakardien

گزرا کل

šodien

آج

rītdien

کل

rīts

صبح

pusdienlaiks

دوپہر

vakars

شام

darbadienas

کاروباری دن

brīvdienas

ہفتے کا اختتام

gads
سال

lietus
بارش
varavīksne
قوس قزح
sniegs
برف
vējš
ہوا
pavasaris
بہار
rudens
خزاں
vasara
موسم گرما
ziema
موسم سرما

4.APRIL 11°
5.APRIL 4°
6.APRIL 13°
7.APRIL 8°
8.APRIL 10°

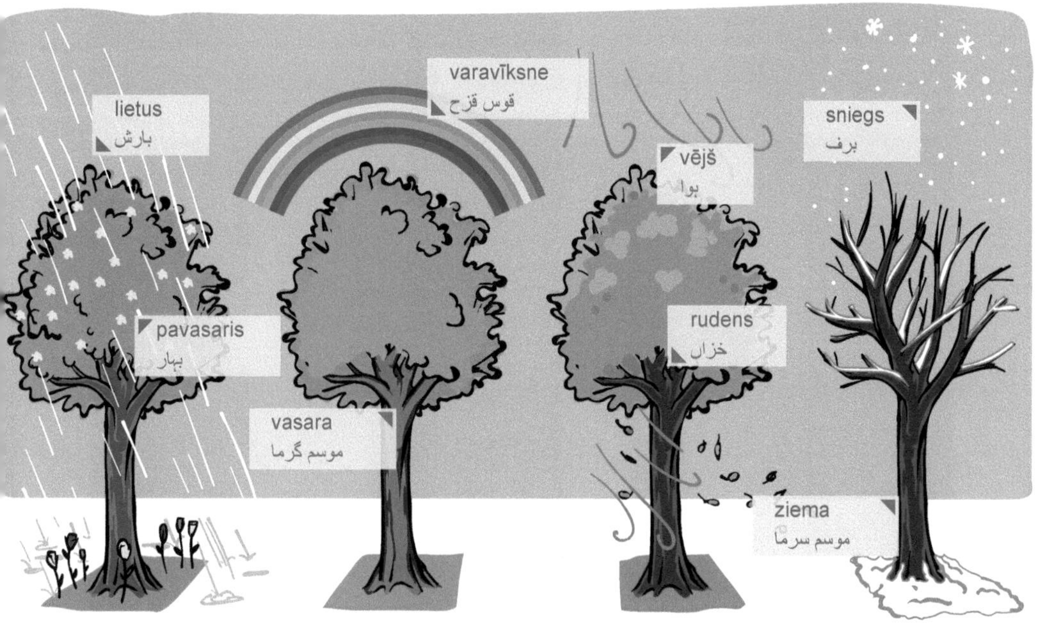

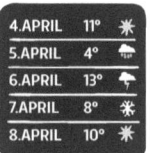

laika prognoze
....
موسمی پیش گوئی

F C
120 40
90 30
60 20
30 10
0 0
-30 -10
-20

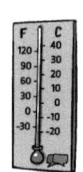

termometrs
....
تھرما میٹر

saules gaisma
....
دھوپ

mākonis
....
بادل

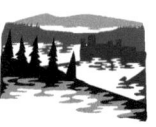

migla
....
دُھند

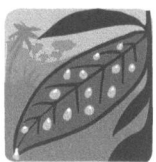

gaisa mitrums
....
حبس

zibens

بجلی کوندهنا

pērkons

بادلوں کی گرج

vētra

طوفان

krusa

ژالہ باری

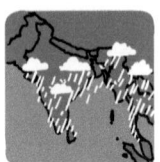

musons

مون سون

plūdi

سیلاب

ledus

برف

janvāris

جنوری

februāris

فروری

marts

مارچ

aprīlis

اپریل

maijs

مئی

jūnijs

جون

jūlijs

جولائی

augusts

اگست

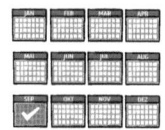

septembris

ستمبر

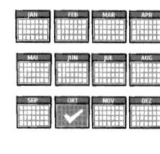

oktobris

اکتوبر

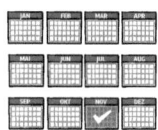

novembris

نومبر

decembris

دسمبر

formas

اشکال

aplis

دائره

kvadrāts

چوکور

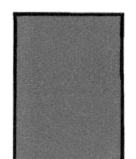

četrstūris

مُستطيل

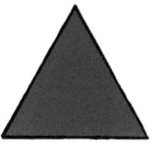

trīsstūris

تکون

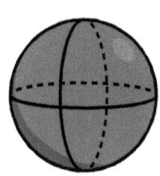

lode

گره

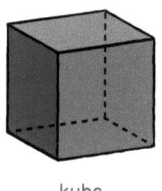

kubs

مکعب

balts

سفید

dzeltens

پیلا

oranžs

نارنجی

sārts

گلابی

sarkans

سُرخ

lillā

جامنی

zils

نیلا

zaļš

سبز

brūns

بھورا

pelēks

مٹیالا

melns

سیاہ

daudz / maz

بہت زیادہ / بہت کم

saniknots / miermīlīgs

ناراض / پُرسکون

skaists / neglīts

خوبصورت / بدصورت

sākums / beigas

آغاز / اختتام

liels / mazs

بڑا / چھوٹا

gaišs / tumšs

روشن / اندھیرا

brālis / māsa

بھائی / بہن

tīrs / netīrs

صاف / گندا

pilnīgs / nepilnīgs

مکمل / نامکمل

diena / nakts

دن / رات

miris / dzīvs

زندہ / مُردہ

plats / šaurs

چوڑا / تنگ

baudāms / nebaudāms

کھانے کے قابل ہونا / کھانے کے قابل نہ ہونا

nikns / laipns

بُرا / اچھا

satraukts / garlaikots

پُرجوش / بوریت کا شکار

resns / tievs

موٹا / دُبلا

pirmais /pēdējais

پہلا / آخری

draugs / ienaidnieks

دوست / دُشمن

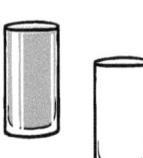

pilns / tukšs

بھرا ہوا / خالی

ciets / mīksts

سخت / نرم

smags / viegls

بوجھل / ہلکا

izsalkums / slāpes

بھوک / پیاس

slims / vesels

بیمار / صحتمند

nelegāls / legāls

غیرقانونی / قانونی

inteliģents / dumjš

عقلمند / بیوقوف

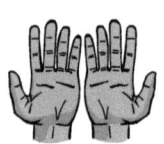

kreisais / labais

بائیں / دائیں

tuvu / tālu

نزدیک / دور

jauns / lietots

نیا / پُرانا

nekas / kaut kas

کچھ نہیں / کچھ ہے

vecs / jauns

بوڑھا / نوجوان

ieslēgts / izslēgts

آن / آف

atvērts / slēgts

کُھلا / بند

kluss / skaļš

خاموش / بُلند آواز

bagāts / nabags

امیر / غریب

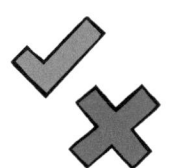

pareizi / nepareizi

ٹھیک / غلط

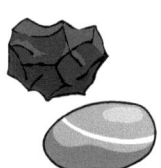

raupjš / gluds

کھُردرا / ہموار

noskumis / laimīgs

افسردہ / خوش

īss / garš

مُختصر / طویل

lēns / ātrs

آہستہ / تیز

slapjš / sauss

گیلا / خُشک

silts / vēss

گرم / ٹھنڈا

karš / miers

جنگ / امن

0

nulle

صفر

1

viens

ایک

2

divi

دو

3

trīs

تین

4

četri

چار

5

pieci

پانچ

6

seši

چھ

7

septiņi

سات

8

astoņi

آٹھ

9

deviņi

نو

10

desmit

دس

11

vienpadsmit

گیاره

12

divpadsmit
·················
باره

13

trīspadsmit
·················
تیره

14

četrpadsmit
·················
چوده

15

piecpadsmit
·················
پندره

16

sešpadsmit
·················
سوله

17

septiņpadsmit
·················
ستره

18

astoņpadsmit
·················
اټهاره

19

deviņpadsmit
·················
أنیس

20

divdesmit
·················
بیس

100

simts
·················
سو

1.000

tūkstotis
·················
بزار

1.000.000

miljons
·················
دس لاکه

anglu

انگریزی

amerikāņu anglu

امریکی انگریزی

ķīniešu mandarīnu valoda

چینی مینڈارین

hindi

ہندی

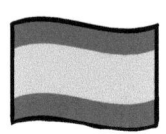

spāņu

ہسپانوی

franču

فرانسیسی

arābu

عربی

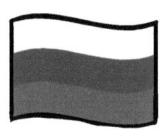

krievu

روسی

portugāļu

پُرتگالی

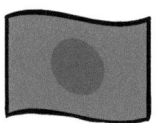

bengāļu

بنگالی

vācu

جرمن

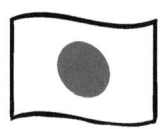

japāņu

جاپانی

es

میں

tu

تم

viņš / viņa

وہ (لڑکا) / وہ (لڑکی) / یہ

mēs

ہم

jūs

تم

viņi / viņas

وہ

kas?

کون؟

ko?

کیا؟

kā?

کیسے؟

kur?

کہاں؟

kad?

کب؟

HELLO, I AM

vārds

نام

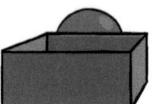

aiz

پیچھے

iekšā

میں

priekšā

کےسامنے

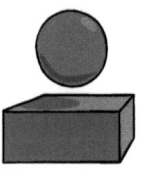

virs

اوپر

uz

پر

zem

نیچے

blakus

ساتھ

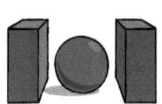

starp

درمیان

vieta

جگہ